14 Mai 1908

marqué P

VENTE

Du Jeudi 14 Mai 1908

HOTEL DROUOT, SALLE N° 1

A DEUX HEURES

TABLEAUX

ANCIENS ET MODERNES

Appartenant à M. X...

DE H. STEVENS

COMMISSAIRE-PRISEUR

Me HENRI BAUDOIN

Successeur de Me PAUL CHEVALLIER

EXPERT

M. JULES FÉRAL

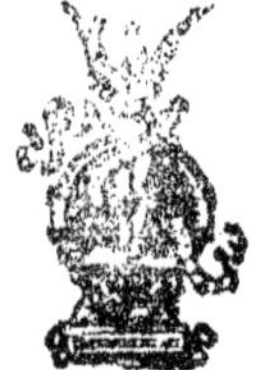

CATALOGUE

DES

TABLEAUX ANCIENS

ET MODERNES

par

AVERCAMP, BELLOTTO, BOILLY, BREKELENKAM, P. CLAES,

CRAESBEEK, ELIAS, EVERDINGEN, J. VAN GOYEN, DE HEEM, VAN DER HELST,

MIEREVELT, MOLENAER, A. VAN DER NEER,

B. VAN ORLEY, OUDRY, PALAMÈDES, PANINI, S. RUISDAEL, SNYDERS,

Mme VALLAYER-COSTER,

S. DE VOS, WEENIX, ZIEM, ETC., ETC.

Appartenant à M. X...

Et dont la Vente aura lieu à Paris

HOTEL DROUOT, SALLE N° 1

Le Jeudi 14 Mai 1908, à deux heures

<table>
<tr><td>COMMISSAIRE-PRISEUR
Me HENRI BAUDOIN
Successeur de Me Paul CHEVALLIER
10, rue Grange-Batelière</td><td>EXPERT
M. JULES FÉRAL
7, rue Saint-Georges
PARIS</td></tr>
</table>

EXPOSITION PUBLIQUE

Le Mercredi 13 Mai 1908, de 2 heures à 6 heures

CONDITIONS DE LA VENTE

Elle sera faite *au comptant*.

Les adjudicataires paieront *dix pour cent* en sus des enchères.

Paris — Imp. de l'Art, CH. BERGER ET Cⁱᵉ, 41, rue de la Victoire.

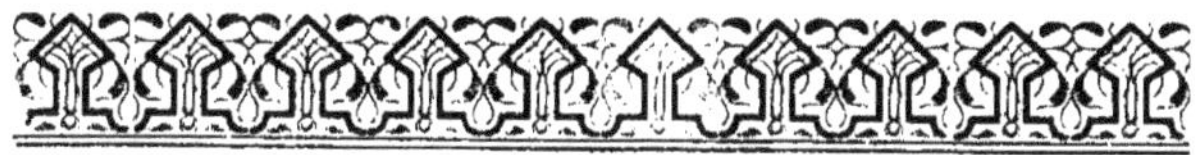

DÉSIGNATION

TABLEAUX

ANCIENS ET MODERNES

AELST (Paul Van)

1 — *Fruits et perdreau.*

Toile. Haut., 45 cent.; larg., 42 cent.

AMBERGER (Attribué à Christophe)

2 — *Portrait d'Homme, en vêtement noir bordé de fourrure.*

A droite, des armoiries.
A gauche, la date : *1567.*

Bois. Haut., 72 cent.; larg., 55 cent.

AVERCAMP (Henri Van)

3 — *Pêcheurs sur la plage.*

Signé du monogramme.

Bois. Haut , 13 cent.; larg., 21 cent.

BÉGA (Attribué à)

1 — *Scène d'intérieur.*

Une jeune femme, allaitant un enfant, est assise près d'une table où sont réunis des buveurs.

Bois. Haut., 32 cent.; larg., 36 cent.

Cadre en bois sculpté.

BELLOTTO (BERNARD)

5 — *Entrée de l'Arsenal, à Venise.*

Des gondoles accostent le quai ouvert par un escalier de pierre.

Toile. Haut., 22 cent.; larg., 17 cent.

BLOOT (PIERRE DE)

6 — *Villageois prenant leur repas.*

7 — *La Partie de musique.*

8 — *Le Chirurgien de Village.*

Bois. Haut., 24 cent.; larg., 34 cent.

BOILLY (LOUIS-LÉOPOLD)

9 — *Étude de deux figures.*

Une jeune femme en robe de soie couleur puce et un petit garçon en veste rouge sont agenouillés.

Toile. Haut., 32 cent.; larg., 23 cent.

Cadre en bois sculpté.

BOUCHER (École de)

10 — *L'Hiver.*

Dessus de porte.

Toile. Haut., 62 cent.; larg., 1 m. 04 cent.

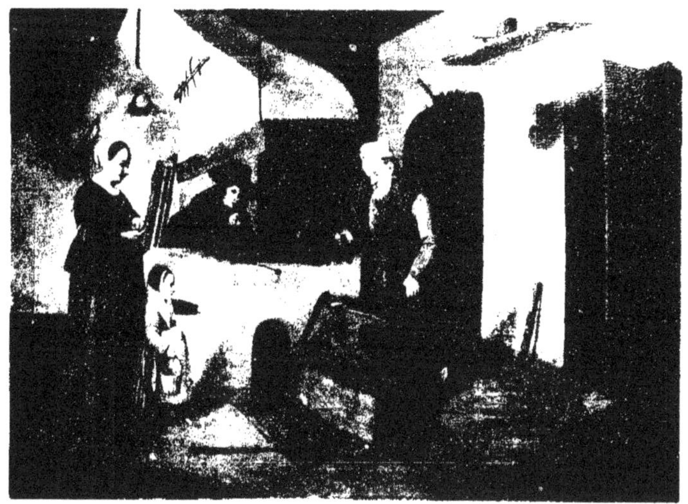

12

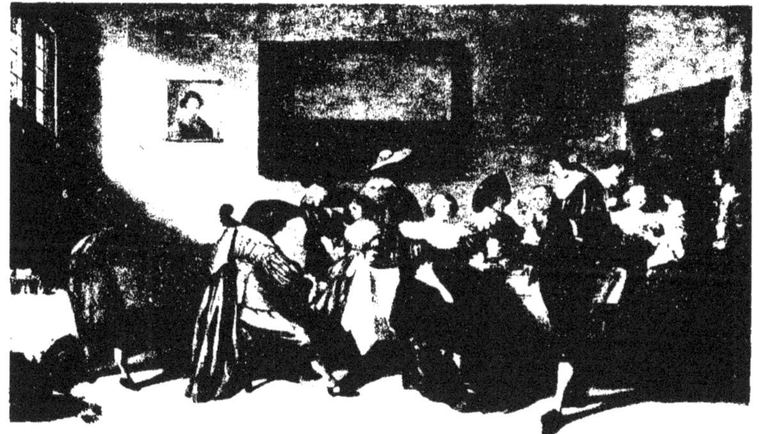

65

BRAUWER (Attribué à ADRIEN)

11 — *La Lecture de la Gazette.*

Signé du monogramme.

Bois. Haut., 17 cent.; larg., 23 cent.

BREKELENKAM (QUIRYN VAN)

12 — *La Forge.*

400

Une villageoise accompagnée d'une fillette, un homme fumant une pipe, regardent le forgeron battant sur l'enclume un morceau de fer rougi.

Signé du monogramme et daté : *1642.*

Bois. Haut., 60 cent.; larg., 82 cent.

CLAES (PIERRE)

13 — *Nature morte.*

105

Un cruchon de grès, un hareng sur un plat d'étain, des oignons sur une table.

Bois. Haut., 64 cent.; larg., 46 cent.

CLAES (PIERRE)

14 — *La Desserte.*

210

Une côte de bœuf, un fromage, du pain, des biscuits et un vidrecome réunis sur une table.

Bois. Haut., 52 cent.; larg., 80 cent.

CLOUET (École de)

15 — *Portrait d'une Princesse.*

560

Vue à mi-corps, en robe noire, parée de chaînes d'or, tenant des gants de la main droite.

Bois. Haut., 33 cent.; larg., 24 cent.

CLOUET (École de)

16 — *Portrait présumé de Henri III.*

Il porte sur son pourpoint des chaines de perles.

Bois. Haut., 34 cent.; larg., 25 cent.

CLOUET (École de)

17 — *Portrait d'un Gentilhomme vêtu de noir.*

Daté : 1587.

Toile. Haut., 40 cent.; larg., 34 cent

COELLO (Claudio)

18 — *Portrait de Philippe II.*

Bois. Haut., 18 cent.; larg., 13 cent.

COYPEL (École d'Antoine)

(DEUX PENDANTS)

19 — *Bacchus et Ariane.*

20 — *Vertumne et Pomone.*

Dessus de portes.

Toiles. Haut, 92 cent.; larg., 92 cent.

CRAESBEEK (Josse Van)

21 — *Le Corps de garde.*

Des soldats jouent aux cartes.

Bois. Haut., 24 cent.; larg., 31 cent

Cadre en bois sculpté.

CUYP (Genre d'Albert)

22 — *Le Retour de la Pêche.*

Toile. Haut., 1 m. 18 cent.; larg., 1 m. 55 cent

DAVID (Attribué à Louis)

23 — *Portrait d'un Général.*

Toile. Haut., 42 cent.; larg., 52 cent.

DELACROIX (Attribué à Eugène)

24 — *Scène miraculeuse.*

Esquisse.

Toile. Haut., 35 cent.; larg., 24 cent.

DELEN (Attribués à Dirk Van)

(DEUX PENDANTS)

25 — Compositions architecturales animées de figures.

Toiles. Haut, 58 cent.; larg., 80 cent.

DE TROY (François)

26 — *Minerve exhortant des paysans.*

Toile. Haut., 74 cent.; larg., 98 cent.

DUVIEUX

27 — *Port de mer.*

Effet de soleil couchant.

Bois. Haut., 18 cent.; larg., 26 cent.

ÉLIAS (NICOLAS)

28 — *Portrait de Femme.*

En robe noire, avec fraise rigide et manchettes de dentelle, un bonnet blanc sur les cheveux bruns relevés.
Daté : *1637.*

Bois. Haut., 76 cent.; larg., 64 cent.

EVERDINGEN (ALBERT VAN)

29 — *Marine avec bateaux à voiles.*

Toile. Haut., 1 m. 60 cent.; larg., 1 m. 60 cent.

GOYA (Attribué à FRANÇOIS)

30 — *La Maja.*

Elle est habillée et couchée sur un lit.

Toile. Haut., 57 cent.; larg., 85 cent.

GOYA (Attribué à)

31 — *Portrait de Charles IV, roi d'Espagne.*

En habit bleu, orné des ordres royaux.

Toile. Haut., 85 cent.; larg., 65 cent.

GOYEN (JEAN VAN)

32 — *Entrée de Village.*

Une paysanne dans une charrette, des villageois, un cavalier, suivent un chemin sinueux.
A gauche, une chaumière; à droite, un étang.
Intéressant tableau de la première manière du maître.
Signé à gauche et daté : *1636.*

Bois. Haut., 32 cent.; larg.. 58 cent.

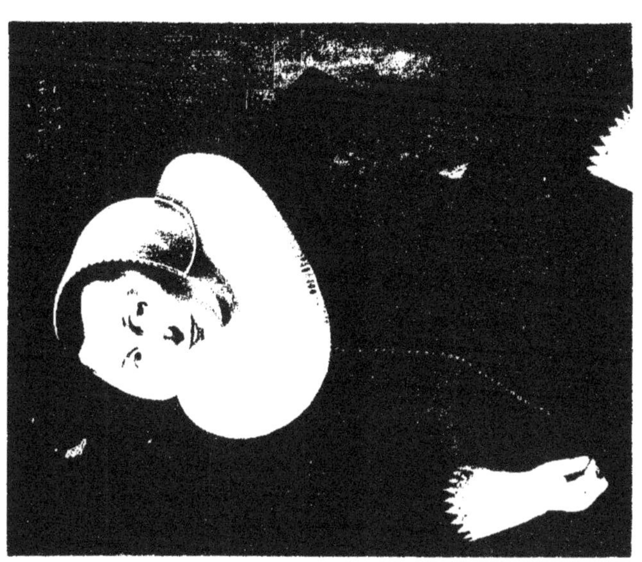

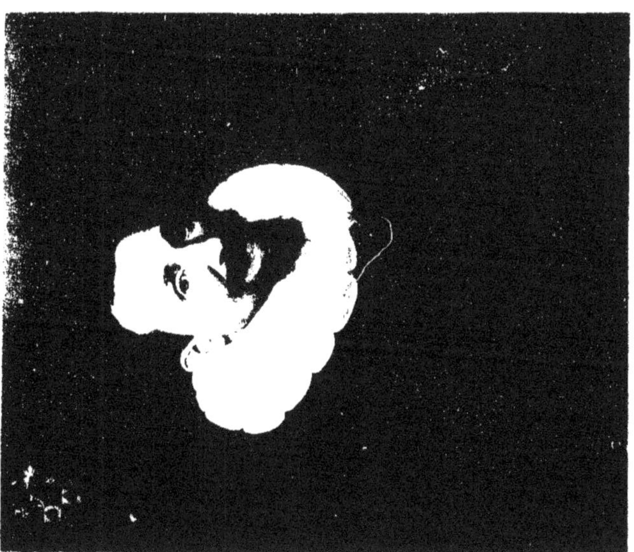

GREUZE (Attribué à J.-B.)

410

33 — *Jeune Fille assise dans un intérieur.*

Toile. Haut., 84 cent.; larg., 58 cent.

Cadre en bois sculpté.

GREUZE (Genre de)

205

34 — *Fillette coiffée d'un bonnet blanc.*

Toile. Haut., 45 cent.; larg., 37 cent.

GREUZE (Genre de)

290

35 — *Jeune Fille tenant des fleurs.*

Toile. Haut., 52 cent.; larg., 43 cent.

GRIMOUX (D'après)

36 — *Portrait de Jeune Fille en pèlerine.*

Toile. Haut., 78 cent.; larg., 62 cent.

HALS (Attribué à FRANS)

510

37 — *Portrait d'Homme.*

En buste, vêtement et chapeau noir.

Bois. Haut., 33 cent.; larg., 27 cent.

Cadre en bois sculpté.

HANNEMAN (Adrien)

38 — *Portrait de Jeune Femme.*

350

Vêtue d'une robe de satin noir décolletée, aux larges manches bouffantes et ornées de bijoux d'orfévrerie, les cheveux bouclés et pendants sur les épaules, tenant des roses, elle est assise dans un fauteuil, tournée vers la gauche, à l'entrée d'un palais.

Toile. Haut., 1 m. 26 cent.; larg., 1 mètre.

Cadre en bois sculpté.

HANNEMAN (Attribué à Adrien)

39 — *Portrait d'Enfant en veste rouge.*

150

Toile. Haut., 34 cent.; larg., 26 cent.

Cadre en bois sculpté.

HEEM (Jean-David de)

40 — *Le Homard.*

Il est posé sur une table dans un compotier de Delft, avec des fruits et des huîtres.

Signé à gauche.

Bois. Haut., 33 cent.; larg., 44 cent.

HEEM (Cornélis de)

41 — *Fruits et Oiseaux.*

Signé et daté.

Toile. Haut., 56 cent.; larg., 73 cent.

HEEM (Cornélis de)

42 — *Fruits dans un compotier.*

Posés sur une table, avec un verre de vin et un crabe.

Toile. Haut , 42 cent.; larg., 56 cent.

HELST (Barthélémy Van der)

43 — *Portrait d'un Officier.*

Représenté à mi-corps, tenant le bâton de comman-
dement, une écharpe blanche drapée sur sa cuirasse.

Toile. Haut., 90 cent.: larg., 79 cent.

HUYSUM (Jean Van)

44 — *Un Vase de fleurs.*

Signé et daté.

Bois. Haut., 68 cent.: larg., 53 cent.

JEAURAT (Étienne)

45 — *La Visite opportune.*

Toile. Haut., 90 cent.: larg., 86 cent.

JORDAENS (D'après)

46 — *La Fête des Rois.*

Toile. Haut.. 70 cent.; larg., 90 cent.

JORDAENS (D'après)

47 — *Un Festin.*

Toile. Haut., 70 cent.; larg., 90 cent.

KALF (Attribué à W.)

48 — *Le Compotier de fraises.*

Il est placé sur une table avec des verres de vin, des citrons sur un plat d'étain et deux oranges.

Bois. Haut., 45 cent.; larg., 50 cent.

KALF (Attribué à W.)

49 — *Fruits et nature morte.*

Toile. Haut., 64 cent.; larg., 56 cent.

LAWRENCE (Attribué à Sir Thomas)

50 — *Tête de Jeune Femme brune, les cheveux bouclés sur le front.*

Toile de forme ovale.

Haut., 31 cent.; larg., 26 cent.

LUCAS

51 — *Scène de l'Inquisition.*

Toile. Haut., 62 cent.; larg., 1 mètre.

MAITRE DES DEMI-FIGURES

52 — *La Vierge portant l'Enfant Jésus.*

Bois. Haut., 39 cent.; larg., 29 cent.

MAITRE DE LA MORT DE LA VIERGE (Attribué au)

53 — *La Vierge et l'Enfant Jésus.*

L'Enfant Jésus, endormi dans les bras de sa mère, est vêtu d'une robe verte et tient à la main une cuillère de bois.

Bois. Haut., 45 cent.; larg., 32 cent.

MÉRIAN (Mathieu)

51 — *Portrait d'Homme en buste.*

> Toile. Haut., 53 cent.; larg., 43 cent.

METZU (Attribué à Gabriel)

55 — *Portrait d'un Officier.*

> Vu jusqu'aux genoux, en habit gris orné de rubans et d'un baudrier rouges.
>
> Toile. Haut , 34 cent.; larg., 24 cent.

Cadre en bois sculpté.

MIEREVELT (Michel-Jean)

56 — *Portrait présumé de Geeraert van Schoonhoven.*

> Représenté à mi-corps, tourné de trois quarts vers la droite, la barbe en pointe, une fraise souple autour du cou, un manteau doublé de fourrure ouvert sur son pourpoint noir.
>
> A gauche, des armoiries.
>
> Bois. Haut., 72 cent. ; larg., 60 cent.

MORONI (Jean-Baptiste)

57 — *Un Gentilhomme de Bergame.*

> Vêtu de noir, il est représenté à mi-corps sur un fond de rideaux verts.
>
> Bois. Haut., 55 cent.; larg , 44 cent..

MOJA (Attribué à Pierre)

58 — *Portrait d'Homme.*

> En buste, habit noir, les cheveux pendants.
>
> Toile. Haut., 70 cent.; larg., 58 cent.

MOLENAER (Jean-Miense)

59 — *Les Fumeurs.*

Ils sont réunis dans un intérieur, assis devant une haute cheminée. L'un d'eux, tourné devant le spectateur, tient sur ses genoux une cruche de grès ; un autre allume sa pipe, un troisième, en veste rouge, se chauffe les pieds.

Signé à gauche.

Bois. Haut., 33 cent. ; larg., 24 cent.

MYTENS (Daniel)

60 — *Portrait d'Henriette de France.*

Elle est représentée dans un médaillon de forme ovale, les cheveux bruns bouclés ornés d'une coque de ruban rouge, un collier de perles autour du cou, vêtue d'un corsage de satin blanc, avec col de dentelle et nœud de rubans.

Toile. Haut., 70 cent. ; larg , 56 cent.

Cadre en bois sculpté.

NEER (Ant. Van der)

61 — *Paysage hollandais ; effet de clair de lune.*

Signé du monogramme.

Bois. Haut., 27 cent. ; larg., 37 cent.

Cadre en bois sculpté.

NELLIUS

62 — *Oranges dans un compotier de Delft, citron, oiseau mort.*

Signé à droite.

Bois. Haut., 40 cent. ; larg., 35 cent.

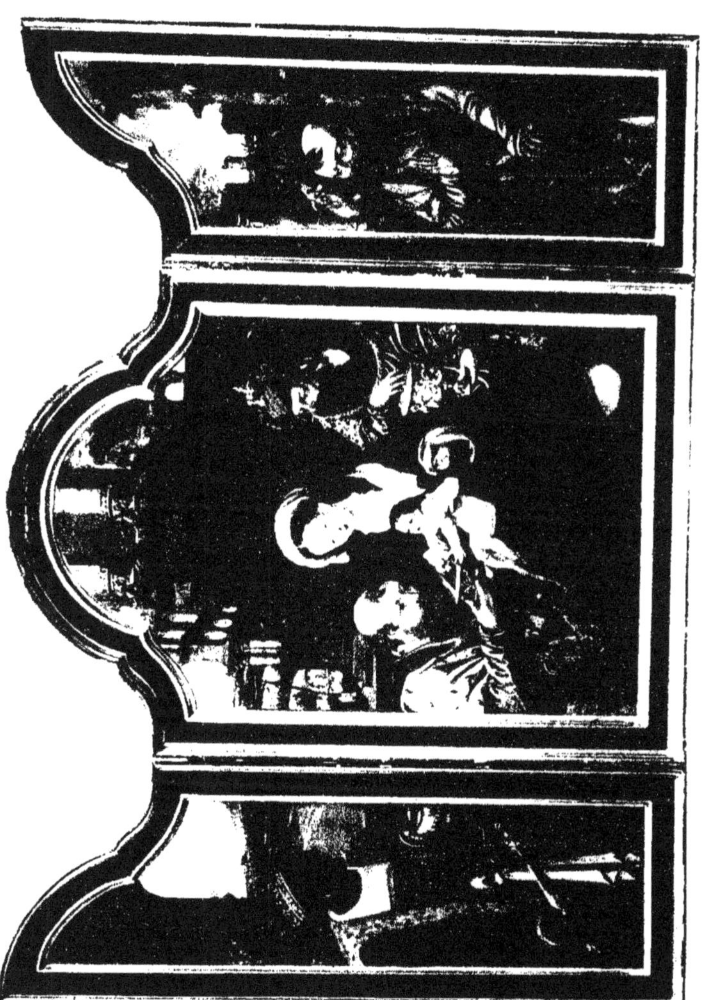

NOLPE (Pierre)

63 — *Bords de rivière.*

A droite, des pêcheurs tirent un filet.

Bois. Haut., 51 cent.; larg., 66 cent.

ORLEY (Bernard Van)

64 — *Adoration des Mages.*

La Vierge, assise, porte sur ses genoux l'Enfant Jésus, qui tient d'une main un bijou d'orfèvrerie, offert dans un coffret par un Mage agenouillé à gauche.

Sur le volet de droite : saint Joseph.

Sur le volet de gauche : le Mage Éthiopien.

Fond d'architecture et de paysage.

Triptyque.

Bois. Haut., 1 m. 03 cent.; larg., 1 m. 42 cent.

OUDRY (Jean-Baptiste)

65 — *Le Chat et le Miroir.*

Un jeune chat se regarde dans un miroir entouré d'une draperie rouge.

Signé et daté : *1761.*

Toile. Haut., 88 cent.; larg., 70 cent.

PAGNEST (Amable-Louis)

66 — *Jeune Fille en buste.*

Toile. Haut., 46 cent.; larg., 37 cent.

PALAMÈDES (Antoine)

67 — *Le Concert après dîner.*

Une élégante compagnie est réunie dans un intérieur autour d'une table, où s'étalent les reliefs d'un festin. Des musiciens jouent de divers instruments; un gentilhomme debout, en habit noir à crevés, tenant à la main un verre de vin blanc, adresse un compliment à une dame assise au centre.

A gauche, un valet en veste rouge prépare des rafraîchissements.

Bois. Haut., 44 cent.; larg., 73 cent.

Cadre en bois sculpté.

PANINI (Jean-Paul)

(DEUX PENDANTS)

68 — *Ruines animées de personnages.*
Dessus de portes.

Toiles. Haut., 60 cent.; larg., 1 m. 26 cent.

POURBUS (Attribué à François)

69 — *Portrait d'une Dame de qualité.*

Elle porte une robe noire sur un corsage de soie blanc à larges manches et une collerette de dentelle.

Bois. Haut., 78 cent.; larg., 73 cent.

PRUD'HON (École de)

70 — *Le Rêve.*

Toile. Haut., 28 cent.; larg., 22 cent.

REYNOLDS (D'après Sir Joshua)

71 — *Jeune Femme en buste.*

Toile. Haut., 54 cent.; larg. 48 cent.

REYNOLDS (Attribué à Sir Joshua)

72 — *L'Enfant Johnson.*

Nu, assis sur un lange dans un paysage.

Toile. Haut., 64 cent.: larg., 50 cent.

REYNOLDS (Attribué à Sir Joshua)

73 — *Portrait de Jeune Femme assise dans un pay-*
sage.

Toile. Haut., 45 cent.; larg., 35 cent.

REMBRANDT (Genre de)

74 — *Buste d'Homme.*

Bois. Haut., 53 cent.; larg., 38 cent.

ROBBIA (Attribué à Luca della)

75 — *La Vierge portant l'Enfant Jésus.*

Peinture en grisaille.

Bois. Haut., 68 cent.; larg.. 53 cent.

RUBENS (École de

76 — *La Vierge portant l'Enfant Jésus et entourée*
d'anges.

Toile. Haut., 1 m. 40 cent.; larg., 1 m. 15 cent.

Cadre en bois sculpté.

RUISDAEL (Salomon)

77 — *Pêcheurs en rivière.*

Au centre, deux hommes dans une barque, l'un d'eux tenant une ligne.

Signé à droite du monogramme.

Bois. Haut., 38 cent.; larg., 58 cent.

RUISDAEL (Attribué à Salomon)

78 — *L'Abreuvoir.*

A gauche, deux jeunes garçons au tournant d'un chemin.

Bois. Haut., 48 cent.; larg., 63 cent.

SALVIATI (François)

79 — *Portrait d'un Gentilhomme.*

A gauche, une fenêtre ouverte sur la campagne.

Toile. Haut., 1 m. 03 cent.; larg., 80 cent.

SNYDERS (François)

80 — *Chiens et Sanglier.*

Toile. Haut., 1 m. 65 cent.; larg., 2 m. 37 cent.

STEEN (Attribué à Jean)

81 — *Un Festin.*

De nombreux personnages sont réunis autour d'une table sur laquelle un gigot est servi dans un plat d'étain. A droite, un jeune homme coiffé d'une toque rouge et appuyé sur un tonneau, tire de la bière dans une cruche.

Toile. Haut., 66 cent.; larg., 82 cent.

Cadre en bois sculpté.

STRY (Jacques Van)

82 — *Bergers et leurs troupeaux au bord d'un canal.*

> Bois. Haut., 55 cent.; larg., 72 cent.

TENIERS (Atribué à David)

83 — *Paysans devant une auberge.*

> Un villageois, coiffé d'un bonnet blanc, une main appuyée sur une table, discute devant les buveurs. A droite et vers le fond, des joueurs de boules.

> Signé à gauche sur un tabouret de bois.

> Toile. Haut., 43 cent.; larg., 64 cent.

TENIERS (Attribué à David)

84 — *Les Musiciens.*

> Deux villageois, assis dans un intérieur, jouent du violon et du luth. Au second plan, un troisième personnage est coiffé d'un bonnet de fourrure.

> Bois. Haut., 35 cent.; larg., 31 cent.

Cadre en bois sculpté.

TENIERS (Attribué à David)

85 — *Auberge au bord d'un cours d'eau.*

> A gauche, des villageois jouent aux cartes.

> Toile. Haut., 56 cent.; larg., 82 cent.

Cadre en bois sculpté.

TENIERS (Attribué à David)

86 — *Le Repas des fermiers.*

Fond de paysage, avec berger gardant un troupeau de moutons.

Bois. Haut., 27 cent.; larg., 37 cent.

TENIERS (Attribué à David)

(DEUX PENDANTS)

87 — *Paysages avec cours d'eau et figures au premier plan.*

Bois. Haut., 20 cent.; larg., 27 cent.

TERBURG (Attribué à Gérard)

88 — *La Bonne prise.*

Un homme coiffé d'une toque rouge est assis au premier plan, tenant une tabatière. Près de lui, deux autres personnages.

Bois. Haut., 22 cent. ; larg., 17 cent.

TIEPOLO (Attribué à Jean-Baptiste)

89 — *Le Massacre des Innocents.*

Toile. Haut., 68 cent.: larg., 95 cent.

TINTORET (Attribué à Jacopo-Robusti, dit Le)

90 — *Portrait d'un procurateur de Saint-Marc.*

Toile. Haut., 1 m. 40 cent.: larg., 1 m. 20 cent.

VALLAYER-COSTER (Mᵐᵉ Anne)

91 — *Nature morte.*

Un jambon entamé, une bouteille et des verres de vin, des œufs, du pain, sur une table.

Toile. Haut., 46 cent ; larg., 58 cent.

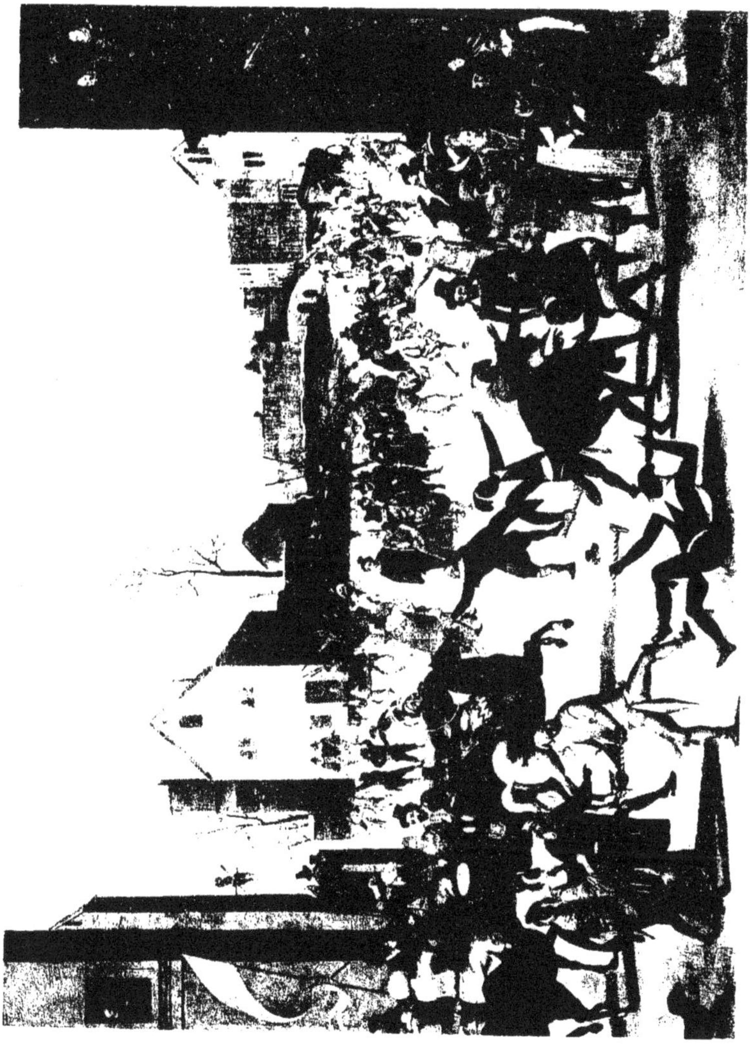

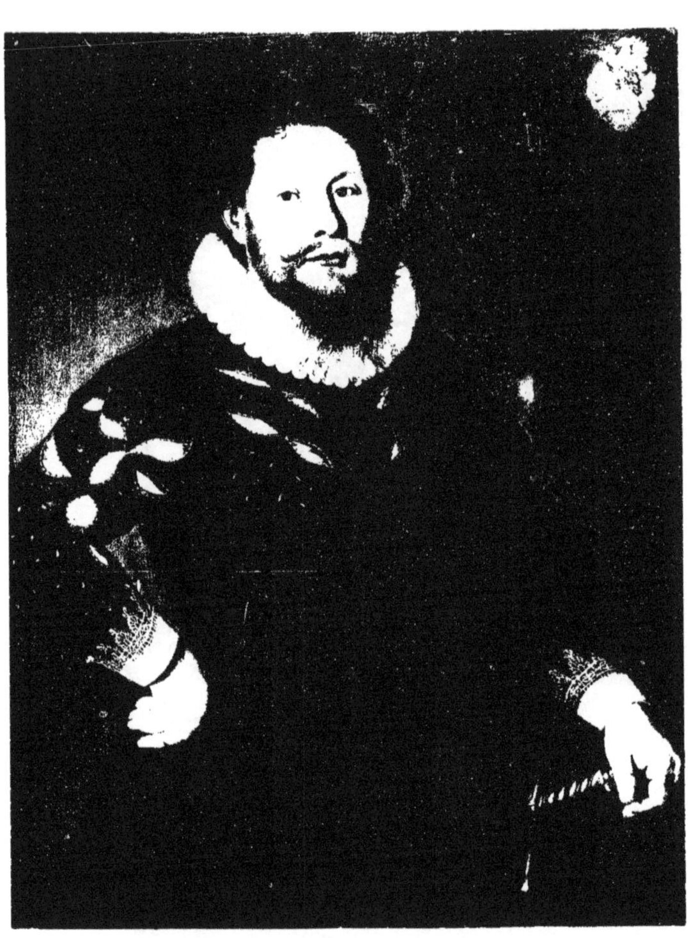

94

VELASQUEZ (École de)

92 — *Bacchanales*.

Toile. Haut., 70 cent.; larg., 85 cent.

VENNE (ADRIEN VAN DER)

93 — *Scène de Carnaval*.

De nombreux personnages masqués et costumés animent une place publique couverte de neige.

Bois. Haut., 77 cent.; larg., 1 m. 05 cent.

VOS (SIMON DE)

94 — *Portrait présumé de François de Villarzel*.

Les cheveux bruns bouclés, la barbe rousse pendant sur une fraise souple, il porte un manteau noir drapé sur un pourpoint à crevés, la main droite appuyée sur la hanche, la main gauche sur la paume de l'épée.

On lit sur le fond : *François de Villarzel,, Major de Lucens, Anno 1622,* et des armoiries.

Toile. Haut. 1 m. 2 cent. ; larg., 78 cent.

WATTEAU (Genre de)

95 — *Réunion dans un parc*.

Toile. Haut., 22 cent.; larg., 30 cent.

WEENIX (JEAN-BAPTISTE)

96 — *Gibier*.

Lièvre, perdreaux et oiseau morts, réunis au pied d'un arbre, sous la garde d'un chien.

Signé à gauche : *Weenix*.

Toile. Haut., 1 m. 20 cent.; larg., 1 m. 35 cent.

WEENIX (Attribués à Jean)
(DEUX PENDANTS)

4 30

97 — *Animaux de basse-cour dans un parc.*

Toile. Haut., 47 cent.; larg., 59 cent.

WOUWERMAN (Attribué à Philippe)

0 0 0

98 — *Un Camp.*

Des soldats réunis sur la gauche jouent aux cartes.

Bois. Haut., 29 cent.; larg., 38 cent.

ZIEM (Félix)

99 — *Portrait d'un Artiste dessinant.*

Bois. Haut., 37 cent.; larg., 20 cent.

ÉCOLE ANGLAISE

100 — *Portrait présumé de lord Suffield.*

En buste, habit amarante ouvert sur un jabot blanc.

Toile. Haut., 60 cent.; larg., 50 cent.

ÉCOLE ANGLAISE

101 — *Portrait de Jeune Femme en corsage jaune.*

Toile. Haut., 74 cent.; larg., 62 cent.

ÉCOLE ESPAGNOLE (XVIIᵉ siècle)

102 — *Les Amateurs de poissons.*

Toile. Haut., 46 cent.; larg., 38 cent.

ÉCOLE FLAMANDE (XVIᵉ siècle)

103 — *Pieta.*

Bois. Haut., 83 cent.; larg., 30 cent.

ÉCOLE FLAMANDE (xviiᵉ siècle)

104 — *Diablerie.*

Composition animée d'un grand nombre de figures grotesques. Fond de paysage accidenté avec constructions monumentales.

Au centre, sur un socle, une signature à demi effacée et la date *1631*.

Bois. Haut., 63 cent.; larg., 1 m. 12 cent.

ÉCOLE FRANÇAISE (xviᵉ siècle)

105 — *Portrait de Michel de l'Hospital.*

En buste, pourpoint noir, fraise souple plissée sous la barbe blanche.

Bois. Haut., 55 cent.; larg., 47 cent.

ÉCOLE FRANÇAISE (xviiiᵉ siècle)

106 — *Portrait de Jeune Femme.*

En robe blanche décolletée, les cheveux bouclés et pendants.

Toile de forme ovale.

Haut., 72 cent.; larg., 56 cent.

ÉCOLE FRANÇAISE (xviiiᵉ siècle)

107 — *Portrait d'Homme.*

Coiffé d'une toque, assis, une écharpe bleue drapée sur son habit gris.

Toile. Haut., 64 cent.; larg., 56 cent.

ÉCOLE HOLLANDAISE (xviiᵉ siècle)

108 — *Portrait d'Homme tenant un livre.*

Toile. Haut., 64 cent.; larg., 55 cent.

ÉCOLE HOLLANDAISE

109 — *Village au bord d'une rivière.*

Bois. Haut., 42 cent.; larg., 57 cent.

ÉCOLE MODERNE

110 — *Le Porte-Étendard.*

Toile. Haut., 60 cent.; larg., 50 cent.

ÉCOLE MODERNE

111 — *Intérieur rustique.*

Bois. Haut., 19 cent.; larg., 25 cent.

ÉCOLE MODERNE

112 — *Le Jardin du Luxembourg.*

Autour d'un bassin, des promeneurs et des enfants. Au second plan, des orangers en caisse devant un tertre dominé par de grands arbres.

Effet de soleil couchant.

Toile. Haut., 90 cent.; larg., 1 m. 18 cent.

113 — Sous ce numéro seront vendus des tableaux non catalogués.

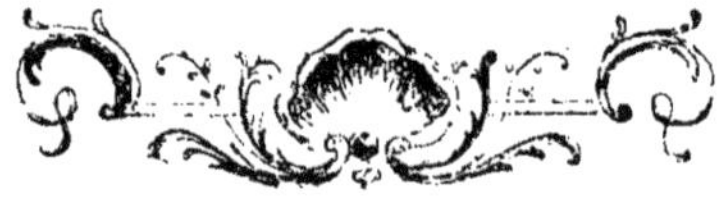

www.ingramcontent.com/pod-product-compliance
Ingram Content Group UK Ltd.
Pitfield, Milton Keynes, MK11 3LW, UK
UKHW031728170726
13836UKWH00001B/499